_____ 에게

네 감정을 스스로 껴안을 수 있게
영양가 풍부한 감정 언어를 선물해 줄게

이현아 글

16년 차 서울시 초등학교 교사이자 '좋아서하는어린이책연구회' 대표. 이화여자대학교 대학원에서 상담심리 전공 박사과정 중이며, 초등 교육 멘토로서 마음을 단단하게 키우는 교육 콘텐츠를 나누고 있습니다. 학교 독서 교육 분야 교육부 장관상과 제5회 미래 교육상 최우수상을 수상했으며, EBS 〈미래 교육 플러스〉, 〈교육 현장 속으로〉 등에 출연해 독서 교육 방법을 소개했습니다. 2015 개정 교육과정 교과서를 집필했고, 아이스크림연수원의 〈현아쌤의 교실을 살리는 감정 수업〉을 비롯한 여러 베스트 강좌를 통해 5만 명이 넘는 교원 수강자와 만났습니다. 어린이의 말과 삶을 기록하며 학생, 교사, 양육자의 마음에 힘을 주는 통로의 역할을 해 왔습니다. 그 경험을 바탕으로 어린이를 향한 따뜻하고 깊이 있는 시선으로 글을 쓰고 있습니다. 쓴 책으로는 『감정을 안아 주는 말』 『친구가 상처 줄 때 똑똑하게 나를 지키는 법』 『어린이 마음 약국』이 있으며, 『그림책 디자인 도서관』 『반반이』 등 50권 이상의 그림책을 우리말로 옮겼습니다.
인스타그램 @tongro.leehyeona

한연진 그림

지은 책으로 『봄이 오리』 『이상한 사파리』 『호호호호박』 『숨은 봄』 『가을이 오리』 『눈물문어』 『끼리코』 『옥두두두두』 『빨강차 달린다』가 있고, 『시를 위한 패턴 연습』에 그림을 그렸습니다.

일러두기
이 책에 나온 '어린이를 위한 무드미터'는 예일대 감정 지능 센터의 '무드미터(Mood Meter)'를 참고하여, 이현아 선생님이 어린이 눈높이에 맞춰 재구성한 것입니다.

마음을 조절하고 표현하는 말하기 연습

감정을 안아 주는 말

이현아 글
한연진 그림

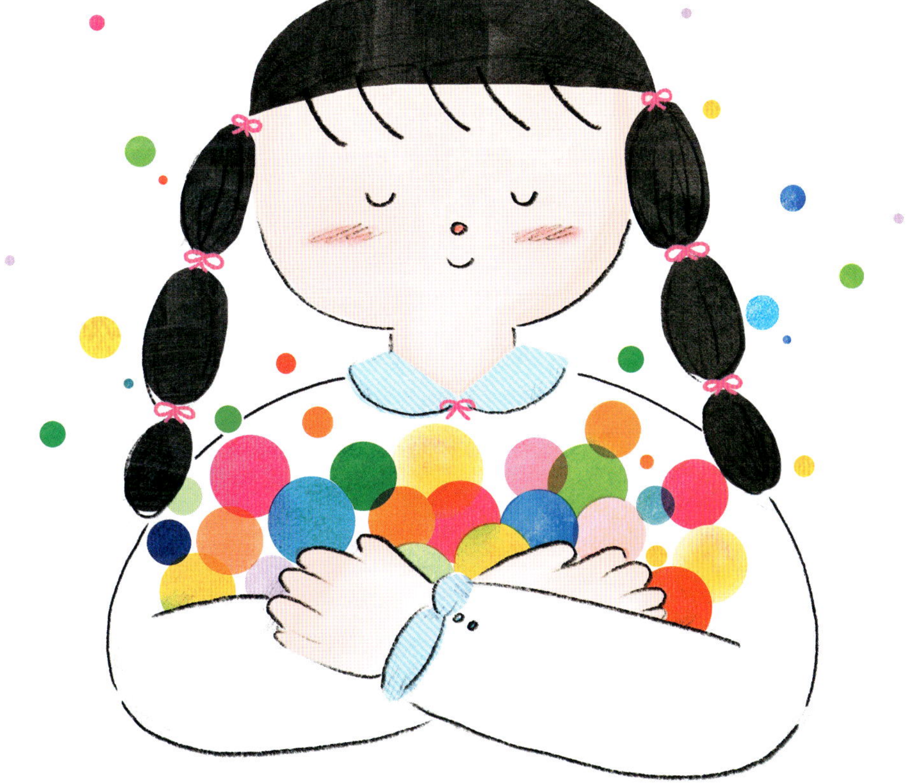

한빛에듀

이 책을 읽는 어린이에게

"감정의 지도를 너에게 줄게."

때로 우리는 마음 안에서 자주 길을 잃어버려. 선생님은 서울에 있는 초등학교에서 어린이들을 가르치고 있어. 교실에서 어린이들의 고민에 귀를 기울이면서 많은 어린이가 감정을 표현하고 조절하는 일에 어려움을 겪는다는 걸 알게 됐어. 내 마음을 어떤 말로 표현해야 할지 몰라서 억울할 때도 "아, 짜증 나!"라고 말하고, 서운할 때도 "짜증 난다고, 진짜!"라고 뭉뚱그려서 말하는 거야.

이럴 때 필요한 게 바로 '감정의 지도'야. 낯선 도시를 여행하다가 길을 잃었을 때 지도를 보면, 내가 지금 어디에 있는지 위치를 확인하고 길을 제대로 찾아 갈 수 있지. 마찬가지로 모호한 내 마음을 보다 선명하고 또렷하게 살펴보려면 감정에도 지도가 필요해.

선생님이 '무드미터'라는 감정의 지도를 알려 줄게. 무드미터는 우리 감정이 어디에 자리 잡고 있는지를 보여 주는 감정의 지도야. 감정들을 가로축의 '쾌적한 정도'와 세로축의 '에너지 상태'를 기준으로 해서, 4가지 색깔 스펙트럼으로 나눈 거지. 선생님이 교실에서 여러 가지 방법으로 감정을 탐구해 보았는데, 특히 무드미터는 전체적인 감정의 분포를 한눈에 직관적으로 볼 수 있고, 영역별로 비슷한 감정을 두루 살펴볼 수 있다는 장점이 있어.

자, 무드미터를 보는 방법을 설명해 줄게. 먼저 가로축을 살펴보며 오늘 내가 편안한 상태인지 생각해 봐. 불편한 상황이라면 왼쪽의 빨강 영역과 파랑 영역을, 긍정적인 상황이라면 오른쪽의 노랑 영역과 초록 영역을 눈여겨보렴. 다음으로 세로축을 살펴보며 오늘 내가 기운이 있는 상태인지 느껴 보는 거야. 내 에너지가 높을수록 위쪽에 있는 감정을 살펴보면 되고, 힘이 없고 축 처질수록 아래쪽의 감정을 살펴보면 돼.

빨강, 노랑, 파랑, 초록 중에서 오늘 내 감정의 색깔 영역을 찾았니? 그렇다면 이번에는 내가 찾은 색깔 영역 안에 있는 9개 감정의 표정을 찬찬히 살펴봐. 각 영역의 가운데에 있는 감정이 대표적인 감정이야. 그 대표 감정을 중심으로 표를 살펴봐. 생생한 표정을 토대로 공감되는 감정 단어를 찾아서 오늘 내 마음을 명확하게 표현해 보는 거야.

이렇게 무드미터를 통해서 지금 내 감정의 색깔과 위치를 살펴보면, 마치 지도를 손에 쥔 것처럼 감정을 선명하게 파악할 수 있단다.

이 책은 무드미터의 4가지 영역별로, 총 18개의 감정을 탐구해. 실제로 어린이들이 교실에서 들려준 생생한 고민에서부터 이야기를 시작하기 때문에, 너도 아마 고개를 끄덕이면서 공감하며 읽을 거야. 친구가 놀려서 가슴에 뜨거운 불길이 확 치솟을 때, 학예회 리코더 연주를 앞두고 걱정이 꼬리에 꼬리를 물고 이어질 때, 슬퍼도 울지 않으려고 꾹 참기만 할 때……. 내가 느끼는 이 감정의 정체가 무엇이며 어떤 말로 감정을 표현하고 다독여야 하는지 아주 구체적이고 요긴한 방법들을 안내할 거야.

"감정에 이름을 붙이는 것은
'감정'이라는 문에 손잡이를 만들어 주는 것이다."

선생님이 참 좋아하는 문장이야. 미국의 심리학자 존 가트맨이 한 말이지. 때로 혼란스러운 감정이 밀려오면 커다란 벽이 내 앞을 가로막는 기분이 들어. 벽이 생기면 소통과 연결 대신 오해와 단절이 생기지. 그럴 때 감정에 이름을 붙이면 손잡이를 잡을 수 있어. 지금 나를 가로막는 이 감정이 무엇인지 명확하게 알고 손잡이를 잡으면, 내가 주도권을 갖고서 스스로 감정이라는 문을 여닫을 수 있단다.

'이 감정의 문을 지금 열까? 아니면 잠시 후에 열까?'
'문을 연다면 활짝 열어야 할까? 아니면 살짝만 열어 볼까?'
이 책을 읽다 보면 이렇게 감정을 주도적이면서도 유연하게 조절하는 방법을 터득할 수 있게 될 거야. 감정은 나를 가로막는 벽이 아니라, 내가 지혜롭게 다루며 여닫을 수 있는 문이라는 사실도 알게 될 거란다.

빨강, 노랑, 파랑, 초록 어느 색깔의 감정이든 잘못된 감정이나 필요가 없는 감정은 없어. 네 감정을 있는 그대로 인정하고 따스하게 안아 주길 바라. 네가 스스로 자기 감정을 껴안을 수 있도록, 영양가 풍부한 감정 언어를 선물해 줄게.

대한민국 교실과 거실에서 아이들이 마음을 단단하게 키우는 데 이 책이 도움이 되기를 소망하며.

이현아

차 례

이 책을 읽는 어린이에게 … 6

빨강 영역

화나다 상처 주는 말을 듣고 화가 머리끝까지 치솟아 오를 때 … 14
걱정하다 걱정이 꼬리에 꼬리를 물고 이어질 때 … 18
밉다 친구를 미워하는 마음 때문에 끙끙 앓을 때 … 22
불안하다 실수하고 못할까 봐 얼어붙어 있을 때 … 26
짜증이 나다 별생각 없이 '짜증 난다'는 말을 자주 쓸 때 … 30

노랑 영역

용감하다 용기가 없는 것 같아서 주눅이 들 때 … 36
행복하다 너무 평범해서 그다지 행복하지 않은 것 같을 때 … 40
자랑스럽다 나 자신이 어제보다 조금 더 나아졌을 때 … 44
감격하다 일상에서 기쁨을 발견하고 싶을 때 … 48

파랑 영역

외롭다 소외감을 느낄까 봐 불안하고 외로움이 밀려올 때 … 54
부럽다 부러워서 마음이 뾰족해질 때 … 58
슬프다 슬퍼도 울지 않으려고 꾹 참기만 할 때 … 62
우울하다 시험을 못 봐서 우울할 때 … 66
서운하다 엄마가 내 편이면 좋겠는데
　　　　　내 마음을 알아주지 않아서 서운할 때 … 70

초록 영역

감사하다 감사를 발견하고 싶을 때 … 76
미안하다 미안한데도 제대로 사과하지 못했을 때 … 80
편안하다 배려를 주고받고 싶을 때 … 84
사랑하다 출근하는 엄마가 자꾸 보고 싶을 때 … 88

무 드 미 터

빨강 영역

무드미터 빨강 영역에는 화, 미움, 불안, 걱정과 같은 감정들이 있어.
긴장하거나 흥분한 상태에서 불편한 상황을 만나면 경험하는 감정들이야. 화가 머리끝까지 차올라서 호흡이 가빠진 적이 있니? 실수할까 봐 불안해서 몸이 뻣뻣하게 굳고 심장이 빠르게 뛴 적도 있을 거야.
이럴 때 어떤 말로 내 감정을 표현하고 조절하면 좋을지 알려 줄게.

상처 주는 말을 듣고
화가 머리끝까지 치솟아 오를 때

아침에 학교 가는데 두진이가 내 머리 모양을 보며 놀렸어요.
그 말은 별로 기분이 나쁘지 않았어요.
씩 웃으면서 장난으로 받아 줄 수 있었어요.

그런데 두진이가 이렇게 말했을 때는 가슴에서 뜨거운 불길이 확 올라왔어요.
어릴 때부터 키가 작은 게 콤플렉스였기 때문에 이런 말을 들으면 유난히 화가 나요.

화나다

두 번, 세 번, 두진이가 계속 깐족거리며 놀리자 화가 머리끝까지 치솟았어요.
결국 폭발해서 두진이에게 꽥 소리를 지르고 말았어요.

하나, 둘, 셋 잠시 숨을 고르고
화가 난 나를 가만히 바라보렴

나에게 유독 아프고 상처가 되는 말이 있어.
다른 말은 아무렇지도 않은데 그 말을 들으면
분노 버튼을 누른 것처럼 화가 머리끝까지 치솟아 오르지.

이렇게 화가 날 때는 하나, 둘, 셋,
잠시 숨을 고르고 딱 3초만 시간을 가져 봐.
잠깐 숨 쉴 틈을 갖고서 어떻게 행동할지 고민해 보는 거지.

곧장 행동하기 전에 시간을 확보했다면
이제 화가 날 때 내가 어떻게 반응하는지 가만히 관찰해 봐.
내 머리 위에 또 다른 내가 있다고 생각하고
화가 난 나를 가만히 바라보는 거야.
화가 날 때 내가 어떤 모습인지 제대로 알아야
이 감정을 지혜롭게 잘 다룰 수 있거든.

나는 화가 날 때 두진이에게 소리를 지를 수도 있지만
나에게 상처가 되는 말이니까 하지 말아 달라고
차분히 부탁할 수도 있어. 외부에서 어떤 자극이 오더라도
어떻게 반응하고 행동할지는 내가 선택할 수 있어.

감정 탐구하기

화나다라는 감정은 마음에 들지 않거나 기분이 나빠서 불쾌한 마음이 생기는 거야.

- 내가 열심히 그린 그림을 친구가 일부러 구겨 버렸을 때 드는 마음.
- 동생이 내가 아끼는 한정판 CD를 부러뜨려 놓고 모른 척했을 때 드는 마음.
- 여러 번 싫다고 말했는데도 친구가 자꾸 약 올리며 나를 놀릴 때 드는 마음.

♥ **이렇게 말해 봐!**

나에게 상처가 되는 말이니까 하지 말아 주면 좋겠어. 부탁할게.

네가 그런 마음인지 몰랐어. 말해 줘서 고마워. 앞으로 하지 않을게.

걱정이 꼬리에 꼬리를 물고 이어질 때

걱정하다

학예회 때 리코더 연주를 하려고 열심히 연습했어요.
그런데 막상 무대에 설 생각을 하니 걱정이에요.

'만약에 내가 무대에 올라갔을 때
강당에 불이 꺼지면 어떡하지?'

'만약에 리코더를 불다가 삑 소리가 나서
사람들이 다 웃으면 어떡하지?'

'만약에 내일 리코더를 두고 가면 어떡하지?'

'만약에 내가 다 망쳐 버리면 어떡하지?'

'만약에…….'

'……어떡하지?'

부정적인 '어떡하지'에 먹이를 준 만큼 긍정적인 '어떡하지'에도 먹이를 주자

걱정이 꼬리에 꼬리를 물고 이어지다 보면, 어느 순간
'만약에'와 '어떡하지'라는 두 단어 사이에 갇힐 때가 있어.
'만약에 다 망치면 어떡하지?'
'만약에 최악의 상황이 벌어지면 어떡하지?'
이렇게 온갖 부정적인 생각을 두 단어 사이에 끼워 넣으면서
일어나지도 않을 일들 때문에 괴로워하는 거야.

이럴 때는 생각을 바꿔 보자.
'만약에'와 '어떡하지' 두 단어 사이에
긍정적인 상황을 끼워 넣어 보면 어떨까?
기왕 일어나지도 않은 일을 상상할 거라면
부정적인 '어떡하지'에 먹이를 준 만큼
긍정적인 '어떡하지'에도 먹이를 주자.

'만약에 내가 무대 체질이라서
평소보다 훨씬 연주를 멋지게 마치면 어떡하지?'
'만약에 연주가 끝나자마자
모두가 크게 손뼉을 치면서 앵콜을 외치면 어떡하지?'
이렇게 긍정적인 생각을 하나씩 키워 나가면 마음이 한결 편안해질 거야.

감정 탐구하기

걱정하다라는 감정은 안심이 되지 않아서 마음이 편하지 않고 속이 타는 거야.

- 깜빡하고 준비물을 챙기지 못한 채 학교 가는 길에 드는 마음.
- 받아쓰기 시험을 앞두고 가슴이 쿵쿵 뛸 때 드는 마음.
- 학예회 날 무대에 올라가기 전, 손에 땀이 날 때 드는 마음.

 이렇게 말해 봐!

혹시 알아?

생각했던 것보다 훨씬 괜찮을지!

친구를 미워하는 마음 때문에
끙끙 앓을 때

밉다

처음에는 무례하게 대하는 친구한테 섭섭했어요.

'그 애는 왜 말끝마다 툭툭 내 별명을 부르는 걸까?'
'내가 싫다고 여러 번 말했는데 내 말을 무시하는 건가?'
이런 생각을 하느라 밤에 잠을 못 잘 때가 많아요.

그런데 자꾸만 그 친구를 미워하다 보니까
이제는 누군가를 미워하는 나 자신이 밉고
못나게 보여서 괴로워요.

내 안에 있는 좋은 마음을 선택해 봐

미움은 상자 속 썩은 귤 같은 거야.
상자 속에 썩은 귤이 하나 있으면
곰팡이가 옆에 있는 귤로 퍼져 나가면서
다른 귤도 썩게 만들지.

네 안에 생겨난 미움이 곰팡이처럼 옆으로 퍼져 나가면서
친구도 밉고 너 자신도 미워졌던 거야.

미워하는 감정을 있는 그대로 인정하고
잠깐 오롯이 느껴 봐도 좋아.
대신 조금 힘이 차오르면 썩은 귤은 밖으로 꺼내고
싱싱한 귤을 고르듯
네 안에 있는 좋은 마음을 선택해 봐.

네 안에는 아직 너그러움, 고마움, 다정함처럼
싱싱하게 살아 있는 좋은 마음이 있어.
그 마음을 골라서 꺼낸 다음,
귤 하나를 건네듯 친구에게 먼저 손을 내밀어 봐.

감정 탐구하기

밉다라는 감정은 어떤 부분이 마음에 들지 않거나 눈에 거슬릴 때 마음이 뾰족해지는 거야.

- 순서를 지키지 않고 혼자서만 그네를 독차지하는 언니를 볼 때의 마음.
- 친구가 말끝마다 툭툭 내가 싫어하는 별명을 부를 때 드는 마음.
- 동생이 엄마한테 고자질해서 혼나고 있는데, 옆에서 약 올리는 동생을 볼 때 드는 마음.

 이렇게 말해 봐!

나에게 무례하게 대하는 친구가 밉지만, 그래도 한 번 더 친구한테 다정하게 말해 볼래.

실수하고 못할까 봐 얼어붙어 있을 때

불안하다

그림을 그릴 때 망칠까 봐 불안해요.

혹시 잘못 그릴까 봐 밑그림을 그릴 때도
연필로 살살 그리다가 말고 자꾸 지우개로 지워요.

밑그림을 다 그리고
수채화 도구를 꺼내서 붓에 물감을 묻히고 나면
더 심하게 얼어붙어요.
물감은 한번 칠하고 나면 지울 수도 없으니까요.

실수는 오히려 새로운 시작점이 될 수 있어
거기서부터 다시 출발해 보자

그림을 그리다 보면 부담이 되고 막막할 때가 있어.
실수하고 망칠까 봐 불안해서 자꾸 지우개로 지우고 고치다가
어느 순간 자신감을 잃고 얼어붙지.

그런데 그림을 '망친다'는 것은 뭘까?
그림을 그린다는 건
내가 원하는 것을 선과 색에 담아서 마음껏 표현하는 거야.
그러니 틀리거나 망칠 일은 없어.
자유롭게 마음 가는 대로 그리다 보면
너만의 개성이 담긴 독특한 작품을 완성할 수 있지.

그림을 그리다가 실수했다면 "오히려 좋아!"라고 말해 보렴.
실수는 오히려 새로운 시작점이 될 수 있거든.
거기서부터 다시 출발해 보자.
실수한 부분을 활용해서 그 지점부터 새롭게 뻗어 나가다 보면
오히려 이전에 생각하지 못했던 신선한 발상이 떠오를 거야.

 **감정 탐구하기**

불안하다라는 감정은 걱정스럽거나 초조해서 편안하지 않은 마음이야.

- 미술 시간에 빳빳한 흰 도화지를 펼쳐 놓고 연필을 쥐었을 때 드는 마음.
- 모둠별 연극을 발표하기 전날 밤에 잠들지 못하고 뒤척일 때 드는 마음.
- 한 번도 해 보지 않은 새로운 일에 처음 도전할 때 드는 마음.

 이렇게 말해 봐!

오히려 좋아! 다시 시작해 볼래!

별생각 없이
'짜증 난다'는 말을 자주 쓸 때

아침에 학교에 와서 가방을 열었는데
깜빡하고 일기장을 집에 두고 왔어요.
"아, 짜증 나."

어제 공부를 하나도 안 하고 잤더니
받아쓰기를 할 때 모르는 문제투성이였어요.
"후유, 짜증 나."

짜증이 나다

점심시간에 급식을 먹고 나오다가
친구들이 다 보는 앞에서 훌러덩 넘어졌어요.
"진짜 너무 짜증 나!"

짜증 난다는 말 아래 숨어 있는
다양한 감정을 느껴 봐

습관적으로 하는 '짜증 난다'는 말 아래에는
무수히 많은 감정이 숨어 있어.
'짜증 난다'는 말로 뭉뚱그려서 말하지 말고
다양한 감정 단어로 세밀하게 표현해 봐.

깜빡하고 일기장을 집에 두고 왔을 때는 이렇게 말해 봐.
"앗, 당황스러운데? 내일은 꼭 잘 챙겨야지."

받아쓰기할 때 모르는 문제투성이였다면 이렇게 말해 봐.
"어휴, 후회된다. 어제 공부를 좀 하고 잘걸······.
다음에는 더 열심히 공부해야겠어."

친구들이 다 보는 앞에서 훌러덩 넘어졌을 때는 이렇게 말해 봐.
"아이코, 창피해라. 그렇지만 다치지 않아서 다행이야."

감정은 이렇게 알록달록 올록볼록해.
짜증 난다는 말 아래 숨어 있는
다양한 감정을 느껴 봐.

 **감정 탐구하기**

짜증이 나다라는 감정은 마음에 꼭 들지 않고 성가셔서 발칵 북받치는 마음이야.

- 겨우 잠들었는데 모기가 귓가에서 앵앵거려 몇 번이나 깼을 때 드는 마음.
- 점심시간에 좋아하는 메추리알이 급식으로 나왔는데 젓가락질이 서툴러서 바닥에 자꾸 떨어뜨릴 때 드는 마음.
- 피구 경기에 진 날, 너무 목이 말라서 물통을 열었는데 옷에 몽땅 쏟아 버렸을 때 드는 마음.

 이렇게 행동해 봐!

아 짜증 나! 아니지, 아니지.
이럴 땐 감정 카드를 보면서 가장 공감되는 단어를 골라 볼까?

노랑
영역

무드미터 노랑 영역에는 행복, 자랑스러움, 용감함, 감격과 같은 감정들이 있어. 활기차고 의욕이 있는 상태에서 긍정적인 상황을 만났을 때 경험하는 감정들이야. 어제보다 조금 더 나아진 나를 발견했을 때, 일상에서 기쁨을 발견하고 싶을 때 어떤 말로 내 마음을 안아 주면 좋을지 알려 줄게.

용기가 없는 것 같아서 주눅이 들 때

용감하다

체육 시간에 운동장에서 피구를 했는데,
공이 무서워서 요리조리 피해 다니기만 하다가
결국 금을 밟아서 아웃이 되고 말았어요.
"미안해, 나 때문에 우리 팀이 졌어."
눈물이 찔끔 났어요.

나는 왜 이렇게 용감하지 않을까요?
나도 용감해져서 힘든 일도 혼자서 씩씩하게 해결하고
아플 때도 눈물 따위는 흘리지 않고 당당하게 이겨 내고 싶어요.

졌다고 솔직하게 인정하는 것도 용감한 거야

용감하다고 하면 무슨 일이든 혼자서 척척 해내고
당차게 이루어 내는 것만을 떠올릴 때가 많아.
하지만 오늘 네가 보낸 하루에도
구석구석 용감함이 있다는 거 알고 있니?

넌 이미 충분히 용감한 아이야.
피구에서 진 다음에 친구들에게
마음을 솔직하게 표현했으니까 말이야.
경기에서 이기는 것도 용감하지만,
졌을 때 솔직하게 인정하는 것도 엄청난 용기가 필요하고
대단한 일이거든.

아플 때 꾹 참는 것도 용감하지만,
눈물을 흘리며 한바탕 시원하게 우는 것도 용감한 거야.

혼자서 어려움을 이겨 내는 것도 용감하지만,
도와 달라고 말하는 것도 용감한 일이고 말이야.

내 삶의 구석구석엔 다채로운 색깔의 용감함이 숨어 있어.

감정 탐구하기

용감하다라는 감정은 용기가 있고 씩씩하며 굳센 기운이 있는 마음 상태야.

- 전학 온 첫날, 교실 위치를 잘 몰라서 처음 보는 친구를 붙잡고 알려 달라고 물어볼 때 드는 마음.
- 선생님께서 수학 시간에 질문하셨을 때 부끄러움을 무릅쓰고 솔직히 잘 모르겠다고 대답할 때 드는 마음.
- 청소 시간에 책상을 옮기는데 혼자서는 무거워서 짝에게 도와 달라고 부탁할 때 드는 마음.

♥ **이렇게 말해 봐!**

너무 평범해서
그다지 행복하지 않은 것 같을 때

행복하다

오늘은 나에게 특별한 일이나 행운이 일어나지 않았어요.
별일 없이 학교에 갔다 왔고
맨날 먹던 반찬에 밥을 먹었어요.

생일날이나 100점을 받은 날에만 '행복'이라는 단어를 붙였더니
오늘처럼 평범한 날은 그다지 행복하지 않은 것처럼 느껴졌어요.

그러고 보면 1년 365일 중에
'행복'이라는 단어와 어울리는 날은 며칠 되지 않는 것 같아요.

행복에도 연습이 필요해

행복이란, 특별한 일이나 행운이 없어도
매일 일상에서 기쁨을 발견하는 태도야.

행복에도 연습이 필요해.
이따금 나 자신에게 이렇게 물어봐.
'나에게 조용한 행복이 스며드는 순간은 언제일까?'
'나는 하루 중 몇 시쯤, 무엇을 할 때 행복을 느낄까?'

오전 8시 20분, 학교에 갈 때
나무 사이를 걸으면서 신선한 공기를 들이마시는 순간.
오후 3시, 하교 후 운동장에서
어제는 하지 못했던 줄넘기를 가뿐히 넘은 순간.
밤 9시, 잠들기 전에 마음에 걸리는 것 하나 없이
포근한 이불 속으로 들어가는 순간.

이런 순간을 놓치지 말고 꽉 붙잡는 연습을 해 봐.
행복은 특별한 순간이 아니라
일상 구석구석의 작은 순간에 숨어 있단다.
발견하는 사람이 그 행복의 주인이 되는 거야.

 **감정 탐구하기**

행복하다라는 감정은 생활 속에서 기쁨과 만족감을 느껴서 흐뭇한 마음이야.

- 버스를 탔는데 라디오에서 내가 좋아하는 음악이 딱 흘러나오기 시작할 때 드는 마음.
- 학교 갔다가 돌아오는 길에 라일락꽃이 피어서 달콤한 향기를 맡느라 평소보다 천천히 걸을 때 드는 마음.
- 비가 내린 다음 날 창문을 열었더니 깨끗한 공기와 함께 햇살이 들이비칠 때 드는 마음.

 이렇게 말해 봐!

행복해! 행복을 발견하면 내가 그 행복의 주인인걸!

나 자신이 어제보다 조금 더 나아졌을 때

자랑스럽다

어제는 공책에 글씨를 비뚤배뚤 대충 썼는데
오늘은 정성을 들여서 또박또박 바르게 썼어요.
선생님도 친구들도 잘 썼다고 알아봐 주지는 않았어요.
하지만 깔끔해진 공책을 넘겨 보면
기분이 상쾌하고
계속 더 잘하고 싶어져요.

나를 가장 자랑스러워하는 1호 팬은
바로 나 자신이야

어제보다 조금 더 나아진 나를 발견했을 때,
나 스스로가 자랑스럽다는 감정을 느낄 수 있어.

나 자신이 자랑스럽다는 건
엄마에게 달려가 상을 탄 걸 자랑하고 싶은 마음이나,
내가 가진 좋은 학용품을
친구들에게 얼른 보여 주고 싶은 마음과는 조금 달라.
나만 아는 작은 성취와 성장을 만끽하는 건
굳이 누군가에게 알리지 않아도 그 자체로 만족스럽기 때문이야.

이럴 때는 내가 나에게 멋지다고 말해 줘.
"나야, 글씨를 정성스럽게 또박또박 썼구나.
어제보다 훨씬 좋아졌어. 나 끝내주게 멋지다!"

내가 나 자신을 인정해 주면 힘이 솟아나.
나를 가장 자랑스러워하는 1호 팬은 바로 나 자신이야.

 **감정 탐구하기**

자랑스럽다라는 감정은 남에게 보여 주고 칭찬받고 싶을 만큼 훌륭하다고 느끼는 마음이야.

- 우리 반 신발장이 흐트러진 것을 보고, 누가 시키지 않아도 가지런히 정리해 두고 나왔을 때 드는 마음.
- 내 화분에 물을 주면서 친구들 화분에도 같이 물을 주었을 때 드는 마음.
- 한 번도 문제집을 끝까지 푼 적이 없었는데, 마음먹고 계획을 세워서 스스로 한 권의 문제집을 끝까지 풀었을 때 드는 마음.

 이렇게 말해 봐!

일상에서 기쁨을 발견하고 싶을 때

요즘 뭘 해도 재미가 없고 귀찮게만 느껴져요.
매일 집, 학교, 학원만 왔다가 갔다가 해서 그럴까요?
특별한 일이 생기면 좀 나아질까요?
뭘 해도 시시한 요즘, 뭔가 새로운 게 필요해요.

감격하다

세심한 눈으로 일상을 관찰하면
감격의 단어로 하루를 채울 수 있어

현미경으로 나뭇잎을 본 적이 있니?
그냥 보았을 때는 매끈한 초록색 나뭇잎이지만
현미경으로 들여다보면 다양한 무늬가 보여.

감격한다는 건, 작은 것도 세심하게 느끼고 크게 감동하는 태도야.
마치 현미경의 초점을 맞추고 나뭇잎을 관찰하듯
일상을 세심한 눈으로 바라보는 거지.

'와, 몰랐는데 여기 작은 아스팔트 틈에 꽃이 피어났네. 대견하다.'
'어제 비가 내려서 그런지 풀 냄새가 참 싱그럽다. 기분이 상쾌해졌어.'

특별한 곳에 가지 않아도 괜찮아.
엄청난 일이 생기지 않아도 좋아.

세심한 눈으로 일상을 관찰하면
바로 지금, 오늘 여기에서
감격의 단어로 하루를 채울 수 있어.

 **감정 탐구하기**

감격하다라는 감정은 깊이 느끼어 크게 감동하는 마음이야.

- 아직 바람이 찬데도 산수유 나뭇가지 끝에 꽃망울이 생긴 것을 발견했을 때 드는 마음.
- 집으로 돌아오는 버스 안에서 우연히 창밖을 보았는데 빨간 노을이 온 하늘을 덮어서 황홀하게 아름다울 때 드는 마음.
- 날씨가 맑은 날 밤, 산책하다가 하늘을 보았는데 동그란 보름달에서 너무나 밝고 또렷한 빛이 내리비치고 있을 때 드는 마음.

 이렇게 행동해 봐!

무 드 미 터

파랑 영역

무드미터 파랑 영역에는 외로움, 부러움, 슬픔, 우울함, 서운함과 같은 감정들이 있어. 지치고 힘이 빠진 상태에서 불편한 상황을 만났을 때 경험하는 감정들이야. 소외감을 느낄까 봐 불안하고 외로움이 밀려온 적이 있니? 슬퍼도 울지 않으려고 꾹 참기만 한 적도 있을 거야. 이럴 때 어떤 말로 내 감정을 표현하고 조절하면 좋을지 알려 줄게.

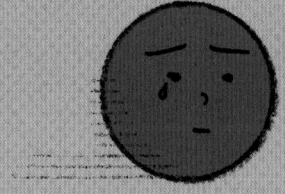

소외감을 느낄까 봐 불안하고 외로움이 밀려올 때

외롭다

"이따 점심시간에 꼭 나랑 같이 놀아야 해."
"오늘도 학교 마치고 나랑 집에 같이 가자."
"지금 뭐 해? 심심하다."

학교에서도 친구 옆에 꼭 붙어 있고,
집에 와서도 쉴 새 없이 손가락을 움직이면서
메시지를 주고받지만
열린 창문 틈으로 '휙' 찬 바람이 들어오는 것처럼
문득 외로움이 밀려와요.

외로움은 나 자신과 친구가 될 기회야

아무리 친구가 많고 가족이 곁에 있어도
사람은 누구나 이따금 외로움을 느낀단다.
우리의 마음에는 다른 사람으로는 채워지지 않는
공간이 있기 때문이야.
그 공간은 누구도 아닌
나 자신과 만날 때만 채워질 수 있어.

문득 외로움이 밀려올 때는
일기장이나 공책을 펼쳐 놓고 나에게 물어봐.
"나야, 나는 요즘 어떤 생각을 하고 있니?"
"나야, 요즘 혹시 힘든 거 있어?"
다른 사람이 아닌 나의 말에 귀를 기울이면
허전했던 마음이 통통하게 채워질 거야.

외로움은 나 자신과 친구가 될 기회야.
나 자신과 가장 좋은 친구가 되면
외로운 감정도 자연스럽게 다룰 수 있어.

 **외롭다**라는 감정은 혼자 있거나 의지할 대상이 없어서 고독하고 쓸쓸한 마음이야.

- 학교를 마치고 집에 왔을 때, 비밀번호를 누르고 텅 빈 집에 들어가 혼자 신발을 벗을 때 드는 마음.
- 상처받은 날, 누군가에게 털어놓고 싶어서 스마트폰 화면을 켰는데 연락할 만한 친구를 한 명도 찾지 못했을 때 드는 마음.
- 전학을 온 첫날, 모두가 시끌벅적하게 떠드는 쉬는 시간에 아는 친구가 아무도 없어서 혼자서 물끄러미 창문을 바라보고 있을 때 드는 마음.

 이렇게 말해 봐!

부러워서 마음이 뾰족해질 때

오늘은 글쓰기 대회 시상식을 하는 날이었어요.
달리기에서 2등을 했어도, 반장 선거에서 떨어졌어도 괜찮았어요.
하지만 다른 건 몰라도 글쓰기만큼은 내가 꼭 상을 받고 싶었어요.

부럽다

"최우수상 수상자는…… 박미진입니다!"

그런데 우리 반에서 딱 한 명, 미진이만 상을 받았어요.
선생님 말씀에 반 친구들이 모두 환호하며 손뼉을 치는데
나는 주머니에 손을 넣은 채 주먹을 꼭 쥐고 있었어요.
마음이 뾰족해져서 도저히 웃을 수가 없었어요.

부럽다는 건, 내가 되고 싶은 모습을 발견하는 기회야

달리기에서 졌을 때도, 반장 선거에서 떨어졌을 때도
너는 아무렇지 않았어. 그런 건 부럽지도 않았지.
그런데 이번만큼은 미진이가 너무 부러웠다는 걸 보면,
네가 진심으로 글을 잘 쓰고 싶은 사람이라는 걸 알 수 있어.
부러워하는 마음 덕분에 내가 무엇을 원하는지
명확하게 알아차릴 수 있었던 거야.

부럽다는 건,
내가 되고 싶은 모습을 발견하는 기회야.
부러운 마음이 향하는 곳을 살펴보면
자기 안의 욕구를 알 수 있어.
중요한 건 부러움의 방향성이란다.
부러워서 '남'을 미워하고 열등감에 시달리는 대신
'나'를 발견하고 성장하면 돼.
부러움이라는 화살표의 방향을 나에게로 잘 맞추면
삶의 동력과 활력을 얻을 수 있어.

감정 탐구하기

부럽다라는 감정은 다른 사람의 좋은 일을 보고 나도 그렇게 되고 싶다고 바라는 마음이야.

- 달리기 연습을 아무리 열심히 해도 3등 안에 들지 못해서 시무룩한데, 릴레이 대표 선수로 나가 1등을 한 친구를 보았을 때 드는 마음.
- 꼭 반장이 되고 싶어서 선거에 나갔는데, 나랑 한 표 차이로 친구가 선출되었을 때 드는 마음.
- 언니랑 사이좋게 지내고 싶은 마음과 달리 자꾸 싸워서 속상한데, 친구는 언니랑 사이좋게 까르르 웃으며 지나가는 모습을 보았을 때 드는 마음.

💬 **이렇게 말해 봐!**

그렇구나! 나는 다른 건 몰라도 글쓰기만큼은 잘하고 싶은 사람이었어.

나는 미래의 작가!!

슬퍼도 울지 않으려고
꾹 참기만 할 때

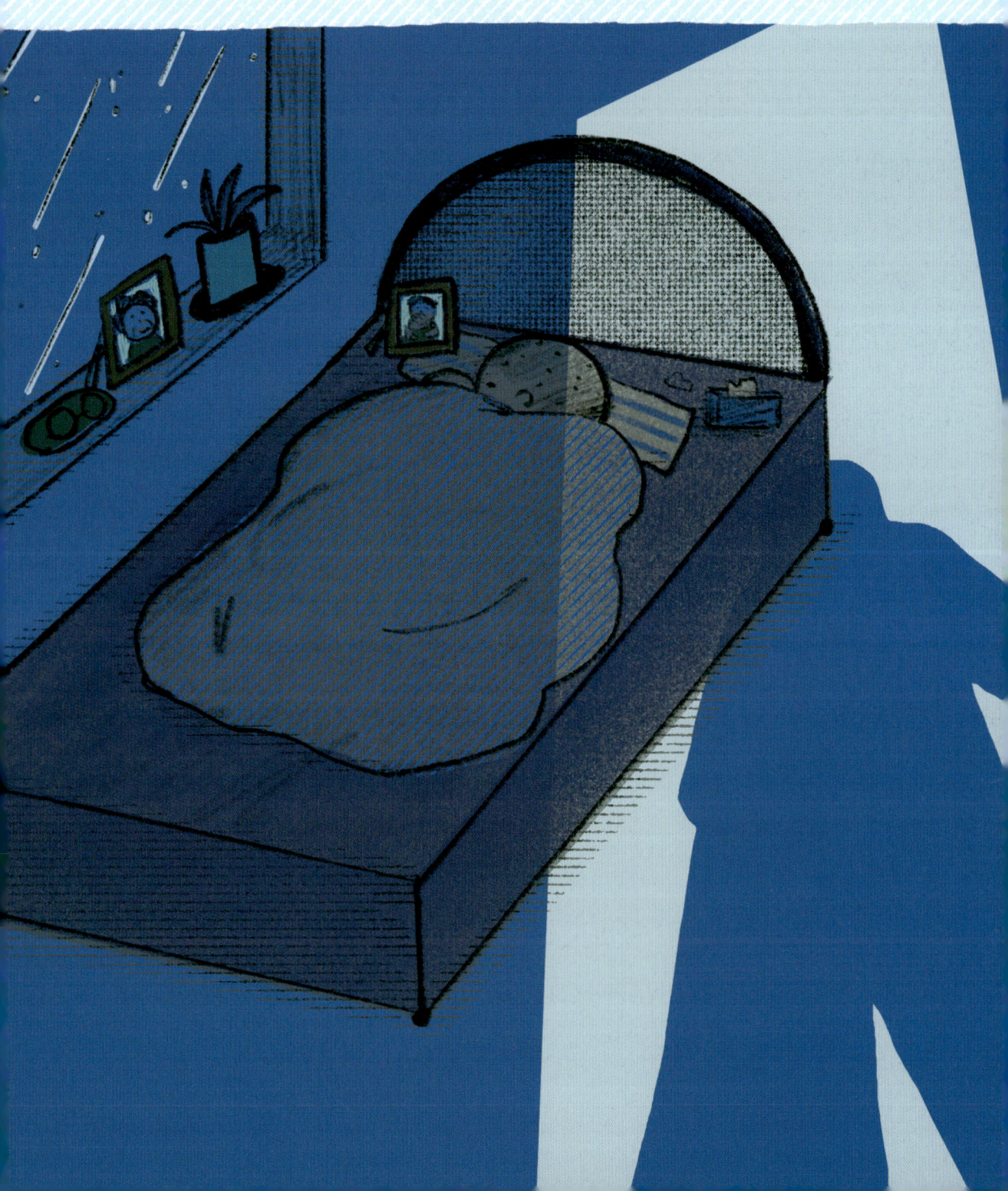

슬프다

사랑하는 할머니가 돌아가셨어요.
어릴 때 할머니가 나를 돌봐 주신 기억이 있어서
마음이 너무 아파요.
아빠 엄마가 볼 때는 걱정하실까 봐
울지 않으려고 눈물을 꾹 참았어요.

그러다 방에 들어와서 혼자 있으면
누가 톡 건들기만 해도 금방 울음이 터질 것처럼 괴로워요.

슬플 때는 마음껏 눈물 흘리며 울어도 괜찮아

슬픔은 마음이 아프고 괴로울 때 느끼는 감정이야.
마음이 아프다고 자꾸 말하는데도
꾹 참고 감정을 억누르면
결국에는 상처가 곪아서 터지고 말아.

슬플 때는 감정을 피하거나 숨기지 말고
실컷 눈물을 흘리면서 울어도 괜찮아.
감정은 피하지 않고 온전히 느낄 때 해소될 수 있단다.
슬플 때 눈물을 흘릴 줄 아는 것은
자연스럽고 다행스러운 거야.

주룩주룩 비가 내리고 나면
하늘을 시커멓게 가렸던 먹구름이 걷히고
맑은 하늘이 보일 때가 있지?

마음껏 울고 나면
네 마음속에 맺힌 슬픔이 씻겨 내려갈 거야.
그 자리에 사랑과 그리움이 남아서
너를 꼭 안아 줄 거야.

 **감정 탐구하기**   **슬프다**라는 감정은 서럽거나 불쌍해서 마음이 괴롭고 아픈 상태야.

- 할아버지가 아프셔서 병원에 누워 계신다는 소식을 들었을 때 드는 마음.
- 오랫동안 같이 살았던 강아지가 무지개다리를 건넜을 때 드는 마음.
- 친한 친구가 갑자기 전학을 간다는 소식을 들었을 때 드는 마음.

 이렇게 말해 봐!

시험을 못 봐서 우울할 때

우울하다

시험을 못 봐서 우울해요.
시험지에서 틀린 문제를 발견할 때마다
부모님께 혼날까 봐 마음이 쪼그라들고,
내가 쓸모없는 사람이 된 것 같아서 축 처져요.

'이 정도 시험도 제대로 못 본 나는
분명 앞으로 또 다른 시험도 망칠 게 분명해.
나는 앞으로도 커서 뭘 하든
제대로 해내지 못하고 계속 뒤처질 거야…….'
이런 생각에 파묻혀서 아무것도 하고 싶지 않아요.

우울해서 힘이 나지 않을 때는
내가 이루어 낸 작은 성취에 집중해 봐

우울하다는 건,
근심스럽거나 답답해서 활기가 없는 상태야.
이런 상태가 지속되면
앞으로 뭘 해도 제대로 하지 못할 것 같은 기분에 휩싸여서
자신감이 떨어지고 주눅이 들지.

우울해서 힘이 나지 않을 때는
오늘 하루 내가 이루어 낸 작은 성취에 집중해 봐.
"어제는 리코더 레 음이 어려웠는데 오늘은 소리를 냈어.
나 정말 대단한데?"

이렇게 칭찬하고 인정하는 말을 나 자신에게 들려줘.
대단한 것이 아니라도 좋아.
오늘 내가 작은 일을 스스로 해냈다는 보람과
조금씩 앞으로 나아가고 있다는 기쁨을 느낄 수 있으면 충분해.
그렇게 한 발 한 발 걷다 보면
다시 마음에 힘이 차올라서 힘껏 달려 나갈 수 있어.

 **감정 탐구하기**

우울하다라는 감정은 근심스럽거나 답답해서 활기가 없는 상태야.

- 친구랑 싸워서 밖에 나가 놀기도 싫고 자꾸 침대에 들어가서 잠만 자고 싶은 마음.
- 엄마 아빠가 싸우는 소리에 잠을 제대로 못 자서 아침에 밥맛도 없고 학교도 가기 싫을 때 드는 마음.
- 열심히 준비해서 도전한 피아노 콩쿠르에서 상을 받지 못해 힘이 쭉 빠지고 아무것도 하고 싶지 않을 때 드는 마음.

 이렇게 말해 봐!

처음부터 끝까지 집중해서 수학 익힘책 두 쪽을 풀다니. 오늘 나 참 잘했다!

엄마가 내 편이면 좋겠는데
내 마음을 알아주지 않아서 서운할 때

서운하다

동생이랑 싸우면 엄마는 꼭 나만 혼내요.
엄마가 내 말을 들어 주고 내 편이 되어 주면 좋겠는데
내가 언니니까 참으라고만 해서 너무 서운해요.

오늘은 엄마가 내 마음을 눈치채 주길 바라는 마음에
괜히 학원에 안 간다고 고집을 부렸어요.
하지만 엄마는 내 마음을 전혀 눈치채지 못하고
공부까지 안 한다고 잔소리만 잔뜩 늘어놓으셨어요.
'내 마음은 그런 게 아닌데…….'
눈물만 뚝뚝 흘렸어요.

마음은 표현해야
상대방이 이해할 수 있어

"말하지 않아도 알아요."라는 말처럼
구구절절 설명하지 않아도 상대방이
내 마음을 척척 알아주면 얼마나 좋을까?

마음은 눈에 보이지 않기 때문에
표현해야 상대방이 이해할 수 있어.
속마음을 꺼내서 제대로 말하지 않고
빙빙 둘러서 투정이나 짜증으로 표현하면
정작 문제는 해결하지 못하고 기분만 잔뜩 상한단다.

엄마의 어떤 말이나 행동이 나를 속상하게 했는지,
내가 엄마에게 진정 원하는 것이 무엇인지
명확하게 말해야 엄마가 제대로 이해하고 해결 방법을 찾을 수 있어.

일단 하지 못했던 말을 꺼내는 것만으로도
답답하고 서운한 마음이 한결 누그러질 거야.

 **서운하다**라는 감정은 마음에 차지 않아서 아쉽거나 섭섭하다고 느끼는 마음이야.

- 도움이 필요해서 친하다고 생각하는 친구에게 부탁했는데 별다른 이유도 없이 거절했을 때 드는 마음.
- 언니에게 겨우 용기 내서 도움을 요청했는데 자꾸 잊어버리고 성의 없이 대할 때 드는 마음.
- 우리 반 공개 수업 때 내가 발표하는 것을 부모님께 꼭 보여 드리고 싶어서 와 달라고 신신당부했는데 결국 아무도 못 오셨을 때 드는 마음.

 이렇게 말해 봐!

무 드 미 터

초록
영역

무드미터 초록 영역에는 감사, 미안함, 편안함, 사랑과 같은 감정들이 있어.
편안한 상태에서 긍정적인 상황을 만났을 때 경험하는 감정들이야.
배려를 주고받고 싶을 때, 감사를 발견하고 싶을 때 어떤 말로 내 마음을 안아 주면 좋을지 알려 줄게.

감사를 발견하고 싶을 때

감사하다

오늘 아침에 일어났더니 맛있는 된장찌개 냄새가 솔솔 났어요.
"우아, 내가 좋아하는 된장찌개다! 엄마 감사해요, 잘 먹겠습니다."

엄마가 네모난 두부를 한 조각 떠서 입에 넣으며 말씀하셨어요.
"어제 아빠가 퇴근길에 잊지 않고 두부 한 모를 사 온 덕분이야.
고마워, 여보."

아빠가 빙긋 웃더니 애호박을 가리키며 말씀하셨어요.
"텃밭에서 애호박을 정성껏 길러 보내 주신 장모님 덕분에 더 맛있네.
고맙습니다, 장모님."

이번에는 내가 감자를 한 조각 건져 먹으면서 말했어요.
"그럼 나는…… 이 감자를 기른 농부님께 감사할래요!
그리고 택배원님, 감자를 우리 집까지 배달해 주셔서 감사합니다!"

감사는 꼬리에 꼬리를 물고 이어져

된장찌개 한 그릇을 먹으면서 온 가족이
꼬리에 꼬리를 물듯 감사 릴레이를 펼쳤구나.
아침밥도 먹고 감사도 먹었으니 학교 가는 내내 속이 든든했겠다.

감사는 꼬리에 꼬리를 물고 이어져.
하나를 감사하다 보면 또 다른 감사를 발견하지.

우리는 모두 연결되어 있고
서로에게 도움을 주며 함께 살아가고 있어.
'덕분에'는 그 사실을 기억나게 해 주는 참 좋은 말이야.

학교 가는 길에 만나는 분들께도
'덕분에'로 감사의 마음을 표현해 보면 어떨까?

"보안관님, 덕분에 안전하게 학교에 다닐 수 있어요.
매일 학교를 지켜 주셔서 감사합니다."
"선생님, 덕분에 제가 올 한 해 많이 성장할 수 있었어요.
실수했을 때도 따뜻한 말로 격려해 주셔서 감사합니다."

감사는 표현하는 사람과 받는 사람 모두를 기분 좋게 만들어 줄 거야.

 **감사하다**라는 감정은 다른 사람의 행동이나 말이 도움이 되어서 흐뭇하고, 즐겁고, 감동적인 마음이야.

- 매일 아침 내가 학교에 안전하게 갈 수 있도록 횡단보도에서 교통안전 봉사를 하시는 어른들을 볼 때 드는 마음.
- 엘리베이터에서 만날 때마다 반갑게 인사를 건네시는 옆집 아주머니에게 드는 마음.
- 내가 독감에 걸려서 아플 때 밤새 간호를 해 준 엄마 아빠에게 드는 마음.

 이렇게 행동해 봐!

오늘 만난 사람 가운데 3명에게 꼭 감사의 말을 전해 봐.
"감사합니다!"

미안한데도 제대로 사과하지 못했을 때

미술 시간에 장난을 치다가 지용이의 작품에 낙서를 했어요.
저는 그냥 장난이었을 뿐인데
지용이가 열심히 그린 작품을 다 망쳐 버렸어요.
지용이는 속상한 표정으로 사과해 달라고 말했어요.

미안하다

갑자기 사과하려니 어떻게 말해야 할지 모르겠고
부끄럽고 민망한 마음이 들어서 이렇게 대답하고 말았어요.

지웅이는 제 말을 듣고 오히려 기분이 더 나빴는지 엉엉 울었어요.
저도 분명 미안한 마음이 있는데 표현을 잘 못하겠어요.
이럴 때 어떻게 사과하면 좋을까요?

진심 어린 사과는 잘못을 인정하고 행동의 방향을 바꾸는 거야

네가 건넨 사과에 지용이가 더 기분이 나빠진 이유는
잘못을 제대로 인정하지 않았고,
앞으로의 행동에 대해 약속하지 않았기 때문이야.
진심 어린 사과는 잘못을 인정하고 행동의 방향을 바꾸는 거야.
앞으로는 '과거-현재-미래 3단계 사과법'으로 사과를 건네 봐.

사과의 1단계, 과거의 내 실수나 잘못을 먼저 인정해야 해.
사과의 2단계, 현재의 미안한 마음을 담아
다른 핑계를 대지 않고 사과의 말을 전해야 해.
사과의 3단계, 미래의 행동을 바꾸겠다고 약속하는 것이 중요해.

거만하거나 장난스럽게 사과하면 오히려 친구를 아프게 할 수 있어.
잘못을 인정하고 다시 반복하지 않겠다고 약속할 때 갈등이 풀리고
너와 친구 모두의 마음이 한결 편안해질 거야.

미안하다는 감정은 후회나 죄책감에서 끝나지 않아.
진심 어린 사과는 친구의 마음을 달래 주는 동시에
너 자신에게도 평온함을 가져다준단다.
그렇게 마음이 연결되면 우정은 더욱 단단해질 수 있어.

 **감정 탐구하기**

미안하다라는 감정은 다른 사람에게 괴로움이나 폐를 끼쳐서 안타까운 마음이야.

- 내가 무심코 던진 말이 친구의 마음에 상처를 주었을 때 드는 마음.
- 아무리 달래도 잠투정을 그치지 않는 동생에게 도저히 못 참고 소리를 꽥 질렀을 때 드는 마음.
- 친구가 나에게만 비밀을 털어놓았는데 나도 모르게 다른 친구에게 말을 전했을 때 드는 마음.

 이렇게 말해 봐!

"네가 정성 들여 그린 작품에 낙서를 한 건 내 잘못이야."

1 잘못을 인정하기

"정말 미안해."

2 현재의 미안한 마음을 담아 사과하기

"앞으로는 이런 장난 하지 않을게."

3 미래의 행동을 바꾸겠다고 약속하기

배려를 주고받고 싶을 때

편안하다

주아가 우리 집에 놀러 오면
냉장고를 아무렇지도 않게 열어서 먹을 것을 꺼내 먹기도 하고
제 방에 있는 서랍을 마음대로 열고 물건을 꺼내서 만져요.

주아는 나와 어릴 때부터 친한 친구예요.
하지만 내 서랍 속 물건을 함부로 꺼낼 때는
나를 배려하지 않는 것 같아서 마음이 불편해요.
그렇지만 주아가 서운할까 봐 꾹 참고 아무 말도 하지 못했어요.

아무리 친한 사이라도 서로의 경계를 존중해야 편안하게 지낼 수 있어

경계는 누구나 존중받아야 하는
몸과 마음 그리고 공간의 영역을 말해.

'반가울 때 악수하는 건 괜찮지만 껴안는 건 내키지 않아.'
이렇게 내 몸과 마음의 경계를 스스로 정할 수 있어.

주아에게도 너의 경계가 어디까지 괜찮은지
경계선을 솔직하게 말해 보면 어떨까?
"주아야, 나는 너랑 친하게 지내는 게 좋아.
그런데 네가 내 방에 들어와서 노는 건 괜찮지만
내 서랍을 함부로 여는 건 조금 불편해. 이해해 줄 수 있을까?"
이렇게 분명하게 말하면
주아도 너의 경계를 존중할 수 있을 거야.

마찬가지로 주아에게도 어떤 부분을 존중받고 싶은지
물어보고 귀 기울여 들어 줘.
아무리 가깝고 오래된 사이라고 해도
서로의 마음을 살피고 배려해야 편안한 관계를 유지할 수 있단다.

감정 탐구하기

편안하다라는 감정은 편하고 걱정이 없어서 좋은 마음이야.

- 토요일 오후에 가족과 거실에 모여서 좋아하는 TV 프로그램을 보며 과일을 먹을 때 드는 마음.
- 친구들이랑 서로의 의견을 잘 존중하면서 나름대로 규칙을 세워 재미있게 놀고, 집으로 돌아올 때 드는 마음.
- 친구랑 서로를 배려하면서 조심스럽게 천천히 친해질 때 드는 마음.

 이렇게 행동해 봐!

"네 서랍을 열어 봐도 될까?"

'미리 물어봐 줬으니 괜찮아. 허락해 줄 수 있어.'

"미리 물어봐 줘서 고마워. 그래, 열어 봐도 좋아."

'내 방에서 같이 노는 건 얼마든지 좋지만, 서랍을 열어 보는 건 원하지 않아.'

"미안하지만 내 서랍을 함부로 여는 건 조금 불편해. 이해해 줄 수 있을까?"

1 먼저 질문하기

2 내 경계선을 스스로 정하기

3 동의 또는 거절로 표현하기

출근하는 엄마가 자꾸 보고 싶을 때

엄마가 매일 출근하셔서
학교를 마치고 나면 혼자 집에 있어요.
혼자 있으면 엄마가 자꾸 보고 싶어져요.
엄마가 출근하지 않고 내 옆에 있어 주면 좋겠어요.

사랑하다

사랑의 흔적은 언제나 곁에 있어

사랑은 같이 있고 싶고, 같이 있으면 포근하고 따뜻한 마음이야.
네가 엄마랑 같이 있지 못할 때 보고 싶고 마음이 아리는 건
엄마를 사랑하기 때문이란다.

엄마를 보고 싶을 때는 집 안을 둘러봐.
사랑의 흔적은 언제나 곁에 있어.

부엌에는 엄마가 깨끗이 씻어서 통에 담아 놓은 딸기 속에
엄마의 달콤한 사랑이 담겨 있어.
화장실에는 엄마가 정성껏 빨아서 개어 놓은 수건 속에
엄마의 포근한 사랑이 가득 묻어 있지.

온종일 곁에 있어 주지 못해서 아쉬운 마음,
하나라도 더 챙겨 주고 싶어서 애틋한 마음,
엄마가 너에게 주고 싶은 사랑의 마음이
집 구석구석에 고스란히 남아 있어.

그 사랑의 흔적을 발견하고 온기를 쬐다 보면
어느새 움츠러들었던 네 마음이
갓 구운 빵처럼 동그랗게 부풀어 오를 거야.

 **사랑하다**라는 감정은 누군가를 몹시 아끼고 위하며 소중히 여기는 마음이야.

- 아침에 엄마랑 꼭 껴안고 인사하고 학교에 왔는데, 금방 또 보고 싶어서 엄마가 주머니에 넣어 준 손수건을 만지작거릴 때 드는 마음.
- 아빠랑 많은 시간을 보내고 싶어서 어서 빨리 주말이 오길 바라는 마음.
- 할머니가 보고 싶어서 할머니가 만들어 주신 목도리를 꼭 챙겨서 하고 나가는 마음.

 이렇게 말해 봐!

우리 집 구석구석에 엄마의 사랑이 묻어 있어!

마음을 조절하고 표현하는 말하기 연습
감정을 안아 주는 말

초판 1쇄 발행 2024년 9월 5일
초판 5쇄 발행 2025년 9월 25일

글 이현아 **그림** 한연진
펴낸이 김태헌 **총괄** 임규근 **책임편집** 정명순 **디자인** dal.e
영업 문윤식, 신희용, 조유미 **마케팅** 신우섭, 손희정, 박수미, 송수현 **제작** 박성우, 김정우
펴낸곳 한빛에듀 **주소** 서울특별시 서대문구 연희로2길 62 한빛미디어(주) 실용출판부
전화 02-336-7129 **팩스** 02-325-6300
등록 2015년 11월 24일 제2015-000351호 **ISBN** 979-11-6921-272-4 73190

이 책에 대한 의견이나 오탈자 및 잘못된 내용은 출판사 홈페이지나 아래 이메일로 알려 주십시오.
파본은 구매처에서 교환하실 수 있습니다. 책값은 뒤표지에 표시되어 있습니다.
한빛에듀 홈페이지 edu.hanbit.co.kr   이메일 edu@hanbit.co.kr

지금 하지 않으면 할 수 없는 일이 있습니다.
책으로 펴내고 싶은 아이디어나 원고를 메일(writer@hanbit.co.kr)로 보내 주세요.
한빛미디어(주)는 여러분의 소중한 경험과 지식을 기다리고 있습니다.

KC **제품명** 감정을 안아 주는 말 **제조사명** 한빛미디어㈜ **제조년월** 2025년 9월 **대상연령** 8세 이상
제조국 대한민국 **전화번호** 02-336-7129 **주소** 서울시 서대문구 연희로2길 62
주의사항 책의 모서리에 다치지 않게 주의하세요. *KC마크는 이 제품이 공통안전기준에 적합하였음을 의미합니다.